AF235843

Schneefeld
Europäischer Winter

Gedichte

©2019 Schneefeld

schneefeld-writing@gmx.de

Herstellung und Verlag:
BoD - Books on Demand, Norderstedt
ISBN 978-3-7528-9259-8

Europäischer Winter

Zu spät (oder die Verschwendung der Jugend)

Zu spät! Es war zu spät, da ich entdeckt
Der Tage Schätze, ihren vollen Wert.
Es hatte sich zu weit vor mir erstreckt
Das Licht, durch mich versteckt, es hat sich nicht
Vermehrt.

Und nicht erleuchtet meiner Freunde Weg,
Wir gingen einen Seelenuntergang,
Und unser Scheitern war so oft Beleg,
Dass unser Lichterwunsch als schlechter Witz
Erklang.

So trieb die Jahre fort in tristem Dunst
Ein Wollen, das den Sinn des Willens bricht,
‚Erleben' schimpft' sich peinlich unsre Kunst,
Es half nur dies Vermeiden unsren Seelen
Nicht.

Mehr war es nicht als eine feige Flucht,
Die Kinder fliehen, wenn die Angst gewinnt,
Wo man bewusstseinslos Erkenntnis sucht,
Dort sieht man einfach zu wie seine Zeit
Verrinnt.

Jetzt aufgewacht, erscheint es mir als Traum,
Doch wach zu sein, es ist nicht ganz erlernt,
Vielleicht erlaubt das Schicksal einen Raum,
Der mich zum Leben führt, mich nicht von ihm
Entfernt.

Nächtliche Brise

In dieser Nacht, die Fenster waren offen,
Zerzauste mir der Sommerwind mein Haar.
Und als er kühlend auf den Schweiß getroffen,
Geschah nicht mehr, als das ich dankbar war.

Vom Bett, wo vorher ich noch grübelnd lag,
Erhob ich mich, begegnete der Brise,
Es duftete so spät noch nach dem Tag,
Ich schnupperte verbunden seine Süße.

Erfüllt war ich, nach all dem Liegen, Warten.
Ich wollt' nicht mehr, als das der Morgen grüßt.
Und wie gerufen, wirken seine Taten,
So fühlte ich, dass er mich auch vermisst.

Europäischer Winter

Kommt der Winter angekrochen,
Sieht der Menschen leere Hände.
Ist sein Herrschen angebrochen,
Seine Opfer Haut und Knochen,
Nimmt das Wollen bald ein Ende.

Krachen Winde an Gesichter,
Wie das Toben wilder Wellen,
Löschen heimlich letzte Lichter,
Während Wellen weiter schwellen
Und wir ihre Wogen zählen,
Sind wir Henker uns - und Richter.

Kühlend zähmen starre Nächte
Blicke, die das Wahre lieben,
Gutes wirkt, noch mehr das Schlechte,
Fühlen wir uns fort getrieben?
Wären wir nur dort geblieben,
Wo die Tat die Trägheit rächte.

Schneegestöber, Jahre später,
Viele Winter sind gegangen,
Liegt die Decke viele Meter,
Schwer wird man hindurch gelangen,
Ist das Leben nur ein Bangen,
Dabei waren wir die Täter!

Unvermeidlicher Sturz

Peinlich gleiten Welten weiter,
Wählen falsch und fallen, fürchten
Einen neuen, alten Frieden,
Welcher Sicherheit nur spielt.
Warum soll uns das genügen?
Warum haben wir *ver*fühlt?

Bald, schon bald ist alles eben,
Ängste müssen Freiheit stehlen!
Schmerzen zeichnen jedes Wählen -
Hier noch den Zerfall erleben?
Fragen letzte hohle Stimmen,
Blasen noch die Kerze aus.

Kleines Sonett

Ich gehe,
du stehst.
Du flehst,
ich drehe

mich, flehe.
Du gehst.
Demnächst
fehlt Nähe

zu dir,
mit mir.
Wir beide,

kein wir,
mit dir -
ich leide.

Das Tor

Wenn eines Tags der Wind uns nicht mehr weht,
Dann öffnet sich vielleicht für uns ein Tor,
Vor welchem man einst ganz verloren steht,
Und noch bevor man durch die Pforte geht,
Bezweifelt man so lebhaft wie zuvor.

Wir stehen mit dem Zweifel Seit an Seit
Und glauben nicht – und wollen wissen nur,
Was könnte lindern sonst des Lebens Leid
Und uns belohnen für die lange Zeit?

So bleiben wir vorm Tore stehend stur.
Des Wartens war'n so lange wir schon satt,
Dass wir allein nach wahrem Wissen richten –

Wo Willkür uns nicht mehr zu bieten hat
Als einen glaubensschweren Rat,

Dort möchten wir auf *dieses* Tor verzichten.

Klare Sicht

Die Wiese, die gestern noch grün,
ist grün.
Und alles darüber ist gleich,
und alles darinnen ist gut
und reich.
Die Wiese, die gestern noch grün,
ist grün und rau und weich.
Und alles daneben ist eben,
uneben und schön.
Und alles darinnen ist wahr
und verschieden.
Die Wiese, die gestern noch grün,
sagt: Frieden…
Sie sagt es so einfach dahin –
Und alles Gesagte ist wahr
und verschieden.
Und alles daneben ist anders
und wirklich und laut…

Die Wiese, die gestern noch grün,
ist: Gewinn.

Wolkengedicht

Da ist eine Wolke,
Jetzt ist sie dahin.
Die Wolke ist weiter,
Die Wolke, vorhin.

Vorhin war die Wolke
Am Himmel ganz nah,
Vorhin war der Himmel
Mit Wolke, sie war.

Sie war eine Weile
Und zog mit mir mit,
Die Wolke verweilte
Und hielt meinen Schritt,

Doch wollte sie weiter
Wohin ist egal,
Ich folge der Wolke
Ein anderes Mal.

Endlichkeit – Unendlichkeit

Endlichkeit – Unendlichkeit.
Wie grausam spottet dieses alte Paar?
Jedes Leben steckt in seinen Grenzen
Und auf ewig wird es wahr –

Wohl nur ein Gott kann einst
Uns aus den Ketten freien,
Die uns als Sklaven leidvoll
An ein Leben binden...

Der Glaube nur kann helfen
Uns die Furcht jetzt zu verzeih'n,
Doch hilft kein Wissen uns
Dabei zu finden.

Das gute Ende

Manchmal wiegt das Leben schwer
Und das Dasein drückt uns sehr
Und das Zagen tut uns Leid
Und das Schaffen ist uns weit

Und das Werden und das Sein
Und das Haben werden klein
Und das Sollen-Müssen wächst
Und das Jetzt, es heißt: Demnächst.

Dann das Wollen nur ein Soll,
Dann das Sollen unser Groll,
Dann das Lassen unsre Tat,
Dann das Wünschen unser Blatt.

Ist das alles was uns wird?
Bleibt das Haben ungespürt?
Und das Werden ist ein Stein –
Und das möchten wir nicht sein.

Haben soll das Werden Sinn…
Bringt es gut zum Ende hin!
Doch das Können ist zu klein –
Und das Können-Werden: Schein.

Beschleunigung

Die Tage spucken unaufhaltsam Enge,
Im Rücken sticht die Gabel ihrer Strenge,
'Vorwärts' der Befehl -
Die Nächte ducken sich in kurzer Dauer
Und tragen träge ihren Sinn von Trauer
Nur in Richtung Hell.

Verdunkelt trägt der Abschied seine Jahre,
Es streicht ein fremder Frühling unsre Haare,
Dünn und lebensleer -
Des Kreislaufs inhärente Grausamkeiten
Verführen arme Herzen, dass sie streiten,
Machen alt und schwer.

Selbstbildnis

- Ich bin der Schnee für kalte Hände, unbeschmutzt
- Ein Flüstern lenkt den Blinden traurig vor die Tür
- Drum ist mein schönstes Lied ein dumpfes Pfeifen
- Der Blick des Kindes ist so wertvoll, doch so schwach

- Ein Händeschütteln ist nie frei von seinem Zwecke
-
- Die weißen Wände bleiben häufig ungenutzt
- Wieso hat niemand jemals einen Laut gesagt?

-
-
- Ich konnte, kann das Leben nicht begreifen.
-
-

- So bin ich, fragend (laut): Was soll ich hier?
-
- Die Frucht, vergoren, hört nicht auf und möchte reifen
- Das Wissen kommt, falls überhaupt, uns erst danach

-
- Dass jeder Wunsch kommt zu uns gänzlich ungefragt
-
- Es ist zu eng, weswegen ich mich zwanghaft strecke

Der Weltabgewandte

Der Schmerz der Welt, er ist nicht mein!
Der Tag, die Nacht und deren Spiele
Werden niemals gänzlich meine sein,
Denn ich verachte deren Sinn und Ziele.

Dies alles brodelt nicht in mir!
Ich treibe nur als hohle Hülle,
Freudig tu ich's gleich dem Tier...
Und in mir dirigiert
- Ganz fremdbestimmt -
Die schlichte Zeit
Die Sinfonie der Stille.

Der Wunsch der Wiesen

Fremdbestimmt von allen Seiten
Liegt die Form als fader Zwang.
Schätzt die Wiese ihre Weiten,
Sieht sie nur, was sie verschlang.

Fliehend wächst in allen Ecken
Gras, gedrängt von Sturm und Stab.
Falsches Herrschen will entdecken,
Was dem ‚Jetzt' die Schönheit gab.

Kauernd ganze Wiesenwelten,
Still wie eine Grabesstätte,
Trostlos wollen sie nicht gelten,
Fern ist ihnen jede Glätte.

Vielfaltsfrohes, freies Wesen,
Dadurch werden sie genesen.

Die Führung der Vergangenheit

Und immer wieder dunkel streift das Denken,
Was uns als Wurzel weiter führen will.
Als guter Vorsatz gilt das eigne Lenken,
Das Fremde herrscht hingegen immer still.

Erfahrung folgt sogleich das Definieren
Der Gegenwart; und darin unser Platz.
Wir wollten unsren Willen nie verlieren,
Doch schemenhaft erscheint uns dieser Schatz.

Wie alles, was uns war, uns weiter weist,
Mit jedem Schritt das Alte auch umkreist,
Das ist des Werdens eigenstes Gebilde.

Es richtet sich kein Weg allein nach vorn',
Und schmerzhaft sticht in uns der Dorn,
Vergeblich wartend auf des Wesens Milde.

Je dis que rien ne m'épouvante (oder der Mut der Betrogenen)

Wie konnte ich? Was machte ich mir vor?
Zu glauben, dass ich furchtlos meine Ängsten
Mich stelle, ohne, dass zugleich empor
Gekrochen kommt, die Quelle meiner längsten
Und schmerzlich mich marternden Qual!
So zitternd wie das Zittern selbst sich zeigte,
So schwanke ich im Herzen ohne Wahl,
Doch ohne, dass das Herz zur Sünde neigte.
Hier ist das Grauen, meine Todesangst,
Die Einsamkeit des unbekannten Ortes.
Ich fühle alles was du abverlangst,
Ich folge treu der Süße deines Wortes.
Des Wortes, das bis hin zum herben Riss
Des Liebesbandes unser Fühlen zwängte,
Doch ist des Bandes Stärke mir gewiss,
Es bräche nie, wie sehr man uns auch drängte…
Nun stell' die Ehre deines Lebens her!
Ich rufe dich, an dir ist es zu kommen.
Nicht trau' der trügerischen Schönheit mehr,
Die dich in ihren Teufelsbann genommen.

Ich will nun mutig für uns beide sein,
Egal was ich bei meiner Suche fände.
Ich wäre lieber tot als ganz allein,
So gib mir Mut – und Schutz – und deine Hände!

Über die Sucht nach dem Besonderen

Die fröhlichkeitsverwob'ne Stimmung
                            mancher Stunden
lässt Niederungen umso tiefer scheinen.
Ein Bund, ein Gleichgewicht,
ein Mittelwert nicht zu erkennen.

So tragen glücksvermählte Tage dazu bei,
dass jeder Höhepunkt den Boden senkt
und jeder Weg zurück ist bloß ein Fall,
dass traurig uns der Blick nach oben stimmt.

Was Zukunft und Vergangen zu verbinden,
ist wie das Tanzen auf dem sich'rungsträgen,
zufallstreuen Seil…
Wäre nicht die schönste Weile immer nur der
                                 Grund,
dann wäre alles andre auch die Jahre Wert.

In den letzten Zügen

Gestern hieß das Leben: Lachen!
Unvergess'ne Heiterkeit.
Wollen wir nicht weiter streben,
Was nicht eben, breiter treten,
Alles auch noch 'Alles' nennen,
Wenn das 'Immer' uns verhöhnt?
Noch verschmelzen unsre Schatten
Wieder auf die gleichen Weisen,
Nur der Blick auf diese ändert,
Was im Innern sich verhüllt.
Was im Innersten vergoren,
Ist nicht Süße eines Weines,
Ist verloren, einst Vereintes,
Das sich nun den Atem nimmt.
Viele Freuden wollen feiern,
Möchten sich zurecht berufen
Auf das Schöne alter Tage,
Das zuhauf das Zögern speist.

Nur ein Klecks auf den Fassaden,
Das, was 'Wir' einmal bedeutet,
Trennt sich auch im Schattenreich.

Zerlaufen

Die bedeutungszerlaufene Suche ist
vorbei, zerweht vom alltagstreuen
Atmen der lastervollen Lungen
des Leichterwerdens,
des Voreiligwerdens.
Nicht bewusst und unbewusst-
seinsabhängig verkleiden sich
Allerweltsmomente sorgenfleißig und
überhalten alle gängigen Schrecken
von uns in Blickferne.

So umläuft das Leben uns das Leben,
so verstehen wir ausredengewogen
auf einem Punkt, bis es der Schluss
ist, der verstanden wird.

Beim Betrachten der Erwählten

Atem, froher Weltenfinder!
Gestern war die Totenmesse,
Heute lachen alle Kinder,
Weiß sind ihre Schneidezähne
Wolken sind ihr Seelenschloss,
Wolken sind ihr Gottesgrinsen,
Fratzen auf dem Sintflutmeer,
Wolltet ihr nicht auch ertrinken?

Rätselsagen wuchern emsig,
Enge Stirne in der Ferne,
Wissenswille ist gebrochen,
Streichelt sterbend eine Sehnsucht,
Wahren Glanz in kurzer Wonne.
Über uns die Arche gleitend,
Sinkend winkt der nied're Abschied,
Wütend peitscht die Güte Gottes.

Glorreich treibt ein sanftes Amen,
Beißen Fische in die Beine,
Bleiben fromme Hände offen,
Schieben Arme in die Leere.
Jeder Zweifel ist vergessen,
Alle Klagen tiefes Murmeln,
Wassertrunk`ne Lungen beten.
Weinend wie ein Hochzeitsflüstern
Schwindet und erscheint die Gischt.

Ein kleines Requiem

I. Ewige Ruhe

Ewigkeit in Ruhe schenke uns,
Welche uns im Leben niemals fände,
Unsre Suche war niemals der Sinn,
Lichterfüllend scheint er erst im Ende.
Nichts wird zeugen von dem letzten Schlag,
Zuckt auch ahnungsvoll die treue Seele,
Schüchtern hoffend auf des Tages Klar,
Furchtbar engt es uns die trock'ne Kehle.
Fragend nach dem nebelhaften Strahl
Trifft er sie in allen düstren Nächten,
Schätz man alle Unterschiede gleich,
Trennt man Gutes gleich vom Schlechten?
Wessen wirkungswahres Wort erweckt?
Gibt der Geber endlich langer Zeiten
Uns das wahre Sehen seines Lichts? –
Qualvoll dringt in und das Vorbereiten...

II. Erbarmen

Egal wer du auch bist,
Egal mit wem wir sprechen,
Am Ende zählt, was ist,

Für wen wir heilen, brechen.
Wir atmen *eine* Luft,
Wir wandern gleiche Pfade,

Erbarmen – Frühlingsduft
Das Leben, die Ballade
Des frohen Endes ruft.

III. Tag des Zornes

Tag des Zornes, du wirst kommen,
Brennend brichst du uns entzwei.
Jede Wahl sei uns genommen,
Stürmt des Richters Donnerschrei.

Ausgelöscht und ganz zerfallen
Wird die Welt nur Asche sein.
Wahrlich gilt die Wut uns allen,
Uns, den Menschen, ganz allein.

IV. Die Schuld

Gesichter, die vor Scham und Schuld
Erröten, wie des Feuers Gluten,
Sie starren still zur Richterhand
Und müssen Bitteres vermuten.

Denn dieses scheint gerecht als Dank
Für lastervolle Sünderleben,
Als letztes Trotzen niedersank,
So konnten Triebe sich erheben.

Das Seufzen will geständig gleich
Vergebung sanft für uns erbitten,
Wir sind nicht würdig letztem Reich,
Das uns so lange schien entglitten.

Doch ew'ges Feuer unser Los?
Die Güte, die wir nun erflehen,
Ist unausgesprochen groß,
Nie könnten wir sie ganz verstehen.

V. Der Tag der Tränen

An jenem Tage ist ein bitter Weinen,
Da uns die Klage durch die Knochen fährt.
Und keinem werde Schonung gleich gewährt,
Nur Hoffnung soll aus tiefen Fernen scheinen.

VI. Das ewige Licht

Unsre Augen stellen mutig eine Frage,
Erst die Dunkelheit bringt uns die eine
Antwort, Antwort aller Tage.
Solches Leiden, Kräfterauben, will gelingen,
Endlich wollen wir den Lichterhymnus singen.
Wogen wechseln zwischen Sehnen,
Furcht und Stärke,
Frohes Leben sei in uns, in deinem Werke.

Heutzutage

Zeigt das Ziffernblatt als blasser Zeuge
Zeitig uns, was uns – nur uns – entgeht,
Treiben alte Wünsche letzte neue Zweige,

Traurig merkt man, dass das Gehwerk steht.
Alte Räder knirschen in die Stille,
„Menschen werden schneller heutzutage!"

Füllen wir das Leben hin zur Überfülle,
Fühlbar wird, wer füllt, der neigt zur Klage.
Ticken oder nicht, wir eilen weiter,

Heiter nicht, es hat nicht alles Platz.
Fett erklimmen wir die Lebensleiter,
„Abgehakt!" ist unser letzter Satz.

Des Wanderers Irgendwärts

Trockener Regen in den Wimpern hängend -
So blindschleiche ich durch die Bahnen
Der Gewöhnlichkeit und schützender Ohnmacht.
Verzehrt habe ich Proviant und Mut
Und Lust und dergleichen, vieles mehr...
Das ist jetzt mein Gang, abwärts oder
Seitwärts oder anderswärts, irgendwärts.

Trockener Regen in der Lunge trompetend -
So huste ich durch schiefe Kurven immerzu.
Auch das unliebsame Niedergeworfenwerden
Habe ich satt. Und alles Neue ist so alt
Und dann auch immer gleich, das ist es ja...
Ich stolpere im Windschatten des Alltags
Und sehe ungebremst in Gänze: Alltag!

Trockener Regen im Kopfe verlierend
So stagniere ich als Wanderer, müde
Und die Wege und Gassen und all das...
Wann ist mein Sehen satt geworden?
'Hinten' ist das alte 'Vorne', umgekehrt,
Die eine Seite ist die andere. Im Spiegel
Betrachtete ich das eine wie das andere
Und sagte bei mir, ganz heimlich:
„Ich weiß es nicht mehr, wo kam ich her?"

Der normale Lauf der Dinge

Die Flügel gebrochen,
die Federn geteert,
Stolz schwebt der Falke,
wie ein König im Abendwind,
im Nachtwind in den Abgrund
seines Thrones, seine Krone
strahlt sinkend davon.
Schmutzig siegt ein Herrschen
über das alte Atmen,
das Fliegen richtet sich
im Sturz.
Die Erben des fallenden Edens
erwarten verständig den Anfang
der schließenden Pupillen.
Die Schärfe, die Sicherheit
des Schnitts liegt treu im Abge-
stumpften Lied der Wolken,
die - schwarzgezeichnet - der Blässe
verfallen, die über jede Erhebung
sich wirft - und der Tageswind
pfeift zum Abschied die Ballade
des trivialen Werdeganges.

Muse und Dichter

Wenn deine Kunst ist, meine Kunst zu sehen,
Dann geb' ich jedes Wort in deine Hand!
Wenn dein Geschenk ist, mein Geschenk
verstehen,
Dann lebe ich und stimme den Verstand!

Mein Singen sei bei dir und deinen Zielen,
Das Fühlen deines Schreibens sei auch meins
Und folgend, welchem Sinn wir auch verfielen,
Wir sind als das Paar der Künste eins.

So höre mich, so schreibe und so wisse,
Dass jedes Flüstern, das dich weiter trägt
Die Heilung sei, dem einfallslosen Risse
Ein zweifach' Herzenswunsch entgegenschlägt.

*

Wenn deine Kunst ist, meine Kunst zu lenken,
Wie dank ich dir für jeden wahren Satz!
Wie dank ich voller Demut deinem Denken,
Dass du mir schenkst den geistgebor'nen Schatz.

Mein ganzes Schreiben sänge deine Töne,
Ein jedes Wort, es flüsterte: „Für dich!"
Und jede Richtung zeigte uns das Schöne
Und *unser* würd', was früher nur für mich.

So sprich zu mir und lese und dann wisse,
Dass alle klugen Klänge sind gehört,
Sie heilen meines Herzens tiefste Risse
Und schaffen einen doppelt wahren Wert.

Ein Schicksal ohne Seele

Ich klopfe an das Tor des Himmels
-ohne Seele-
Da wird es abermals geschlossen.
Und keine Köpfe sind gesenkt.
Und keine Träne wird vergossen.

Ich ziehe ohne Mut davon
-und bin vergessen-
Da wird es dunkler als zuvor.
Im Rücken kommt das Dunkel nah.
Im Fernen schließt erneut das Tor.

Die Zuversicht des Erwachens

An jeder Abendröte lab ich mich,
mein Herz – und blutig schütteln mich
des Daseins enge Ketten –
Da haucht mir schneidend dieser Wind
von Purpur tagesschließend ein:
"Auch Morgen darfst du wieder sein!"
Und zitternd hebt sich meine Brust.

Auf einer Klinge tanze ich am Tage,
in der Nacht, die Träume weckt, wie
Seelen die Verliebten, ist die Kunde
Balsam, die vom Leben-Lassen redet,
die vom Leben-Wollen zeugt und zeigt,
weswegen der Moment die guten Geister
her beschwört, um lindernd mir zu dienen.

Es zieht den Vorhang all dieser Momente
der Wimpernschlag, der sie und ihre Macht
beschreibt, in Sorgeseile zu
und lüftet im Schließen die Möglichkeit,
Gedanken zu verschleiern, die den Takt
der Ruhe hindern, gleich und gleich zu sein,
so dass der Morgen wirklich sicher scheint.

Das Lied der stolzen Menschen

Heute Morgen bin ich sicher aufgewacht
Und dieser Tag, wie jeder, war ganz mein.
Das Leben wird durch mich bewusst gemacht,
Mir soll das Leben ewig dankbar sein!

Ohne meinen Gaumen schmeckt kein Wein,
Ohne meine Lippen fliegen keine Küsse.
Das All ist ohne mich nur noch allein,
Ich fülle stolz die wacklige Kulisse.

Mit Werten, die ich gnädig weiter reiche,
Deine Schuld, sie wächst noch immer an.
Deswegen rufe ich zurecht: Begleiche!
Wisse, dass nur ich dich enden kann.

Der kranke Drang

Ein schwacher Wellengang,
Ein trister Abgesang.
Es zeichnet meine Schrift
Ein kurzer, stumpfer Stift,
Der jeden schönen Klang
Verfehlt, nicht zielt, nicht trifft.
Ich warte eifrig, lang,
Das Warten ist wie Gift
Und trotzdem bleibt der Drang,
Der früh sich um mich schlang,
Mein ganzes Ich durchdrang.
Das Schreiben ist wie Gift,
Es quält mich eifrig, lang.
Der Fehlversuch, er trifft.
Wie furchtbar ist sein Klang.
Mein kurzer, stumpfer Stift,
Er zeichnet meine Schrift,
Ein trister Abgesang,
Ein schwacher Wellengang.

Die erhoffte Reise

Ein Blick hinauf! Der Himmel bricht das Glas
Des Schweigens stets auf neue Weisen,
Wer Wahrheit je in seinen Tiefen las,
Dem legten sich die Sinne auf das Reisen.

So spricht es plötzlich, wo es vorher still,
In eines jeden Mitte warm und kühlend.
Die Wärme küsst uns, seelenrein das Ziel,
Die Kühle schützt uns, Gier und Hunger fühlend.

Die feuchten Augen sind den Schritt voraus,
Auf den die andern Sinne selig warten,
In jede Ferne hoffen wir hinaus
Und träumen, bis es wahr, auf alle Arten.

Die zwei Arten von Träumen

Die Hälfte meiner Brust schlägt fehl,
Wenn Träume meine Nacht verschlafen.

      Sie sind des frohen Lebens wahrer Quell,
      Die Ignoranz wird einen bitter Strafen!

      Wenn unser Augen Sucht ist nur das Hell,
      Der Sicherheit ein guter Hafen.

Doch wie vergeht uns jede Freude schnell,
Wenn Träume unser Wünschen dann entlarven.

Elegie des Lebens

Leben, ich spüre jeden deiner verderbenden Makel,
Atme kühl ein die Luft jedes erträglichen Tags,
Grausamkeit ruft mir das Wachen entdeckend stets neu in
die Seele,
Schaudernd vor deiner Manier beugt mich die rinnende
Zeit.
Einzig nach Flucht verlangt mein Sein – und mein Hass
auf dein Werden
Zeugt sich aus dem gewesenen 'Ist', zeugt sich aus
schließendem Blick.
Wahrt mir meine Geburt auch die Chance auf
verschiedene Träume,
Welten, deren Schutz – so verwehrt sie mir Trost,
Voller verwegener Absicht und kontradiktorischem Zufall
Tragen mich beide im Sturz, trüben mir beide die Sicht,
Kneifen mein Sehen, verwerfen mein Handeln und somit
vergehen
Regungen, bleiben Gefahr, Wahrheit mein schmerzlich
Verzicht.
Trägheit erwächst aus jedem erneuten Versuch zu
verstehen,
Scheiternd schlafe ich ein, zögernder wache ich auf,
Langsamer öffnen sich Augen und Herz und versuchen das
Gleiche
Wieder und wieder als neu – kräfteverzehrender Wahn
Bleibt mir als letzter Gruß des Tages, dem Träger des
Dunklen.
Wirklichkeitsscheuer denkt niemand als Lebende selbst,
Fern von dem Willen, dem Wissen um alles was Lind'rung
verspräche,

Kehrt an keinem Tag wahrlich ein Glücklicher heim?

Oh, es beweist sich die immer grüne Wiederkehr gerne
Unbeeindruckt mir. Sehe ich Wahres als schön
Wiederscheinen? Bekämpfen mit Erdenschweiß Geister
                              den Glauben,
Welcher verschleiert mir bleibt? Sagt mir, erfahre ich wo?
Stehe ich nicht unter Menschen, die Menschen erleben
                              und sehen?
Dort will ich hin, will ich sein, lebendig, offen und frei.

Grenzen umgrenzt und verloren verwischt erneut mich der
                              Spiegel,
Zischend, wie Wasser in Brand, hitzeverloren der Blick…
Rückwärts gewendet, um eines zu hör'n, zu versteh'n: Es
                              ist Leben!
Schrumpfend gedeiht mir der Dank, allem Guten so fern
Bleibt man in Einsamkeit eigenen Willens und fördert das
                              Dürsten
Scheinbar im Schatten, im Schein schattig umleuchteten
                              Lichts.
Hier vergisst man bewusst im Taumel der Ödheit des
                              Denkens
Hell umworbenes Weiß. Kenntnis vernebelt durch Hohn
Eigener Weisen - und Wollen und Willen verlieren die
                              Kräfte -
Hilf! Ist -die Wahrheit erlebt- schlicht die Reise ins
Nichts?
Glaube ich? Oh, erlaube nicht, mir nicht, diese Bedenken.-
Letztlich erahne ich still, geistig verloren - im Traum…

Die Musik in den Dingen

Die Musik in den Dingen ist Liebe -
Unbewusst schwingt
jeder Nerv als Saite.
Von vielen Seiten bespielt,
ist der Ton uns gewiss
und sein Klingen in uns
und allen Dingen berichtet
vom Sein.
Und wer hört, ist glücklich -
Und nach und nach wird
uns das Leben dann
bewusst.

Die Musik in den Dingen II

Musik, sie steckt in allen Dingen,
Schwingt in jeder Faser mit.
Unbewusst ist uns dein Singen,
Taub durchdringt uns meist dein Schritt.

Doch es tönen deine Saiten
Ganz gewiss und immer rein,
Alle wollten dich begleiten,
Sprichst du doch vom wahren Sein.

Und wer hört, ist voller Freuden,
Stimmt mit ein in den Gesang.
Wirklichkeit liegt nicht im Meiden,
Davon zeugt des Lebens Klang.

Des Grüblers Wahrnehmung und Wünsche

Am Tag erwacht,
ist für mich Nacht,
ist für mich immer wieder
'Auf' 'Hinab',
das 'Hoch' das 'Nieder'.

Die Tage klar
und ich bin blind.
Alles was ich sage
ist nicht wahr,
und alles ist nicht
alles.

Und wer weiß,
Was ich ertrage?

Es ist die Stimmung
meines Falles,
das Wache des Schlafes
und eine stete Plage
ist der Kampf, der
Wurzeln Suche.
Und Wunsch und Frage
sind zu ähnlich.-

Unterscheiden oder
Meiden?
Unterm Strich heißt beides
-
Leiden.

Gefängnis

Ich sitze im Gefängnis des Lebens,
Eben auf Lebenszeit,
Bis mich der Tod befreit,
Dann sitz ich in Ewigkeit.

Fehler

Der Fehler steckt nicht immer im Detail,
In groben Zügen kann man ihn erkennen.
Wer aufmerksam und gerne sucht,
Der kann ihn schnell und rücksichtsvoll benennen.

Nur liebt man seine Fehler auch
Und will's sich selten nehmen lassen,
Anstatt heraus aus einem frechen Bauch,
Wird man sich schnell mit anderem befassen.

Zum Kern, zum Punkt, wohin es nun auch geht,
Nur mit Bedacht bringt man doch nichts zum
                                    klingen!
Doch legt man sacht' den Hammer hin
Und fängt an Glätte zu erzwingen.

So liegen Fehler hier und auch noch dort,
Wo andre ihre Formen wahren,
An diesem und an jedem andren Ort,
Ist sich wohl keiner recht im Klaren.

Menetekel

Aus warmen Betten dringt zu uns das Bangen
Der Einsamkeit, noch hat der Halt bestand,
Wo jetzt nur Zweifel dämpfen das Verlangen,
Schwingt zukunftstreu schon bald die Todeshand.
Fern spüren wir den milden Kuss,
Der alles um uns enden muss.

Wie wirkt der Kuss und mahnt mit Liebesstrenge
Das Frühlingspaar, das jetzt im Grünen singt
Und überschätzt des Herzens wilde Menge,
Die abschiedsfroh in graue Erde dringt.
Dort wächst kein Rosenspross heran,
Der wuchernd weiter wildern kann.

Die Blicke leer, die Sterne fern umkreisen,
Bestimmt und laut erschallt der Richterspruch.
Ein jeder will die Träne von sich weisen,
Denn diese reicht dem Herz zum Doppelbruch.
Das Herz, das nicht auf ewig heilt,
Dem Ende es entgegeneilt.

Vergänglichkeit

-1-

Um jeden Menschen weht die laue Luft des Lebens,
Die jeden einmal trägt zum Schluss, zum letzten Gruß.
Trotz jeder Klag' und Not und jeden Widerstrebens
Wird einem schließlich klar, dass *jeder* gehen muss.

Es schmerzt die Wunde sehr, sie ist durch nichts zu heilen,
Es schmerzt uns das Gefühl, das niemals gehen will,
Ganz plötzlich fangen an die Jahre fort zu eilen,
Ganz plötzlich merken wir, es bleibt uns nicht mehr viel.

So schreiten wir voran, es warten andre Ziele
Als jenes Lebensziel, wir stecken sie uns gern,
Und Ernst und Wahrheit gleich erscheinen uns als Spiele,
Die wir so sorglos spiel'n, das Ende ist uns fern.

Zu fern um zu versteh'n, zu fern um zu begreifen,
Wo jetzt das Blut noch fließt, dort ist bald nichts als Staub,
Wo wir das Grün jetzt seh'n und durch Naturen streifen,
Dort schweift bald nicht ein Blick um das gefall'ne Laub.

Die Blüten strahlen schön, wie Mond und Sonne scheinen,
Doch selten denkt man nach: Das alles wird vergeh'n!
Dort wo das Leben ist, muss man zum Abschied weinen
Und jeder wird im Tod einst ganz alleine steh'n.

So fragt: Was ist die Welt? Und ihr berühmtes Glänzen?
Am Rande liegt sie nur der ewig drohn'den Nacht.
Sie zeigt des Menschen Wert und seine engen Grenzen,
Des Willen wahren Wert - und seine wahre Macht.

Was hilft das Reden hier von Endlichkeit und Leben,
Was soll es uns denn sein, das Quälen durch die Zeit?
Wir wollen uns doch nur dem kleinsten Sinn ergeben,
Wohin er letztlich führt, wir denken nie so weit.

Nur weiter als es geht, wir woll'n die Enden schieben,
Das Denken ist uns frei, doch leider hilft es nicht,
Wir möchten nicht mit Wut, mit Trauer alles trüben,
Wo uns das Leben Glück und Liebe auch verspricht.

Dort wo man sich bewusst, dort lebt man seinen Frieden,
Hier ist kein einz'ger Grund, der uns 'was andres sagt,
Wir wollen uns erfreu'n an allen Unterschieden!
Es scheint dann *unser* Schluss ins Ewige vertagt.

Die Ewigkeit regiert, in Endlichkeit das Leben,
Sie bietet einen Schutz, auch wenn sie uns betrügt.
Wer wollt', im Gegenteil, dem End' entgegen streben.
Drum ist es allzu leicht - und unser Sinn besiegt.

Uns leichten Gegnern zeigt die Täuschung sich als Glück,
In stiller Akzeptanz, erleuchtet unser Sein.
Bedeutungslos der Satz: Es gibt nie ein zurück!
Bedeutungsvoll ist nur: Das Leben ganz allein.

Es trägt diejen'gen gern, die sich dem Schreck entziehen,
Es hilft demjen'gen schlicht, der nicht gen Ende denkt,
Es weist auf einen Weg, ganz frei von allen Mühen
Bewusster Lebenslast, die uns, gebor'n, geschenkt.

Doch jene gibt es auch, die reißen aus dem Denken
In mancher Stunde aus und finden keinen Halt.
Sie woll'n auf eines nur der Sinne Fokus lenken,
Es fesselt sie der Tod, der einsam, bitter, kalt.

Sie schrecken auf des Nachts aus fieberheißen Träumen,
Die Kehlen sind verengt, der Atem flüchtig, flach.
Und die Gedanken wild, bewusst in engen Räumen,
Und liegen folgend dann die Nächte hell und wach.

Am Tage ganz erschöpft, da sitzen dann die Gleichen
Vom Grübeln leicht gebeugt, es lässt sie nicht mehr los,
Sie haben keine Kraft, die Zwänge zwingt zu weichen,
So spürt das Herz am Tag der Nächte starken Stoß.

Sie schreien laut heraus: Vergänglichkeit verschwinde!
Sie krallen sich ganz fest, die Augen werden leer,
Die Ruhe, sie war bloß ein weißes Blatt im Winde,
Doch solcher Augenblick, er lässt kein Ruhen mehr.

Wie kann man nur so sein, so leben und so lassen,
Wir ahnen immer mehr: Es ist kein leichtes Los.
Wir können es zwar jetzt noch immer nicht ganz fassen,
Wir fühlen *manchmal* mit, *sie* fühlen ausnahmslos

Des Grabes dürre Hand im Nacken stetig streichen,
Ein Flüstern das besagt: Der Tag hat seine Nacht!
Und nur der Tod kann einst des Lebens Schuld begleichen,
Und nur der Tod hat ihm den eignen Wert gebracht.

Nur woher kommt die Angst, wo fehlt uns das Vertrauen?
Ward uns nicht wohl gelehrt, dass mit dem Tod beginnt...
Der Seele ew'ger Lohn, nur darauf soll'n wir schauen,
Und ist das End' kein End', erweckt in uns das Kind,

Das einzig darauf hofft', dass sich das Licht ihm zeige,
Der Ausweg aus dem Traum vom bodenlosen Fall,
Auf das man letztlich leicht ins Himmelsreiche steige,
Die Reise hier *beginnt*, auf diesem Erdenball.

Dass unser Seelenschatz wird immerfort besteh'n,
Dies klingt in unsrem Ohr als schöne Melodie,
Doch wie mag's glaublich sein, was wir so hoffend seh'n?
Versteht der Mensch ein Wort, wie 'immer' oder 'nie'?

Was auch geschrieben steht, es steht nur auf Papier,
Das leicht mit seiner Zeit verrottet und zerfällt,
So geht die Tinte mit und ihrer Wahrheit Zier,
Die nur solang sie steht, uns helfend unterhält.

So drängt der Glaube kurz, dann länger ins Vergessen
Und fragend suchen wir, was Hoffnung uns verspricht,
Doch langsam wird uns klar, das Maß mit dem wir
                                 messen,
Die Wahrheit die uns spricht: Wir glauben einfach nicht!

Im Hintergrund verlebt, im Abseits unsres Lebens
Ein Buch das uns geprägt, von unserm Schmerz befreit,
Die Lehren standen still, das Beten schien vergebens,
Ein leises Flüstern nur im Meeresschaum der Zeit.

Trotz all der Leere sind wir doch nicht völlig frei,
So fliegt in mancher Zeit ein Bitten aus dem Herzen,
Nur nicht zum Guten hin, das Böse trägt dabei
Die Not in Teufels Ohr'n, als Zeichen unsrer Schmerzen.

Dies fällt uns leichter wohl, ein schicksalhaftes Grauen,
Das unser Wunsch uns gibt, wie heißt dafür der Grund?
Das Wollen ist zu schlecht - und gut kann schlecht nicht
                                                    bauen,
Uns scheint mit einem Mal, das Kranke als gesund.

-5-

Erahnen wir am Tag, was Nächte uns verraten?
Erfühlen wir im Hell, was dunkel uns bewusst?
Zum Sonnenuntergang uns quält ein kurzes Warten,
Vergraben ist es tief in unsrer bangen Brust.

Nur ist es günstig uns, wir wenden von den Quellen
Der Todeswiederkehr die Blicke schnellstens ab,
Doch muss der Wahrheit sich ein jeder sicher stellen,
Auch wenn der kalte Hauch, das todessichre Grab

Uns grausig, grimmig grüßt, wir sollen uns nicht drücken,
Bewusst nur lebt es sich als wahrer Mensch der Welt,
Wie wollen wir denn sonst des Tages Blüten Pflücken,
Wenn Angst uns stetig fest in ihren Fängen hält?

Wie sehen wir was schön, wenn unsre Augen kneifen?
Wie schätzen wir den Wert, wenn unser Schätzen blind?
Wie wollen wir den Lauf, das Leben halb begreifen,
Wenn unsre Taten hohl und ohne Seele sind?

Begreift man nicht die Chance, wird man als Blinder
                                                    gehen,
Selbst ist das Sehen schwer, auch schmerzhaft mit der
                                                        Zeit,
Auf seinem Sterbebett kann niemand es noch drehen,
So wartet schicksalhaft ein zages Wagen heut'.

Erblinden wir am Tag, sind Nächte schon gekommen,
Erstarren wir im Hell, das Dunkel nicht mehr fern,
Die Möglichkeiten hat uns niemand weg genommen,
So wollen wir sogleich den Sinneseindruck mehr'n.

-6-

Vergänglichkeit, oh komm, willst du mir nicht verraten
Wohin einst alles geht, ich muss es einfach hör'n!
Wo bleibt denn alles bloß, mein Handeln, meine Taten?
Wo ist der Ort des Nichts, wenn nicht auf diesem Stern?

Willst du in letzter Nacht mich ganz und gar verzehren,
Des Lebens lange Last, nimmst du auch diese mit?
Wieso kann ich mich nicht - ich kann mich niemals
                                                    wehren!
Oh, wär'n sie anders bloß, die Stufen die man tritt!

Was nützt mir all mein Gut, was ich mir macht' zu eigen?
Zerrinnen wird all das, was *jeder* Mensch besitzt,
Vom einst'gen Stellen bleibt ein unheilvolles Neigen,
Zerfallen wird all das, was uns so wertvoll jetzt.

Was war der ganze Schmerz, den ich ertragen hab?
Wie könnte ich es nur vor meiner selbst verschweigen
Und denken nie an mich, an mein so sich'res Grab,
Nur Träume können mir ein fröhlich' Ende zeigen.

So wehr' ich mich nicht mehr, ich will mich nur ergeben,
Es wird sich ändern nicht mein Lebenstrauerlos,
Wenn mich dereinst der Tod wird von der Erde heben,
Die einst'ge Gegenwehr ist lange nicht mehr groß.

Wenn alles ist vorbei, mein Licht ist ausgegangen,
Mein Wissen einfach stirbt, das Herz das Fühlen lässt,
Erkühlt ein jeder Drang und jegliches Verlangen,
So hält in Ewigkeit der Tod mich Bitt'ren fest.

Und hingegangen sind dann all des Lebens Dinge,
Es sind dergleichen viel, man kann nicht alle zähl'n,
Jetzt sind sie gut versteckt, wie Baumes Jahresringe,
Das Fällen zeigt uns erst, was fortan wird uns fehl'n.

Wir stehen wie der Baum, in einem Feld aus Schnee,
Wir scheinen ohne Halt, doch reicht die Wurzel weit.
Für unser Gleichgewicht, das man im Leben geh',
Doch reißt uns diese einst - und mit das Band der Zeit.

Die Zeit die einst uns falsch, so hoffnungsreich gehalten
Mit ihrer sturen List, die man nicht leicht bemerkt,
Was kann im Wimpernschlag man nachhaltig gestalten?
Des Lebens stille Last, wie wird sie nicht verstärkt?

Die Freunde reden viel, Verwandte wollen tragen,
Doch schwächt uns das Gefühl, selbst ihnen fehlt der Halt,
Der Abschied will schon bald sein Endspiel mit uns
                                                    wagen,
So präsentiert Natur uns ihre Allgewalt.

Dann knackt es und es bricht, es wütet und es sticht
In allem was wir sind, in allem was wird sein,
Es weht ein kurzer Wind, es scheint ein schwaches Licht
Zu uns vom wahren Gott, dem Tod, all' sind wir dein.

Es spielt im Hintergrund die Todessinfonie,
Die mehr und mehr den Laut des Lebens übertrifft,
Wer sagt zum armen Kind, wann wird es sterben? Nie!
Die Wahrheit ist sowohl, als auch die Lüge – Gift.

Der Klang der Liebe matt, ihr Ruf, er wird verstummen,
Was über Menschen klingt jetzt noch als schönster Ton,
In aller Vielfalt geht, in allen seinen Summen
Und Stille wirft dereinst auch ihn von seinem Thron.

Da stirbt die Liebe hin, mit allem was uns teuer,
Mit allem was uns wert, mit Trauer-, Glücksgefühl,
Auch Klag und Weh und Schmerz verschlingt das
                                                    Ungeheuer,

Verschwunden wird sie sein, auf Bahnen ohne Ziel.

Nie könnt' man es versteh'n, wenn sie nicht ewig bliebe,
Das Sehnen, sagt man, irrt, wo falsch man irrend sehnt,
Dort hofft man hoffnungslos, ergibt sich freiem Triebe,
Der uns noch unbemerkt, so liebevoll verhöhnt.

Kann sich die ganze Welt des Todes nicht erwehren?
So wurde einst gefragt, so bleibt die Frage steh'n!
Wie freundet man sich an mit ewigem Entbehren,
Wie soll das Lieben selbst das tote Treiben seh'n?

Was unser Handeln bringt, wie's jammert, wie es bangt,
Bestimmen wir es nicht in einer kurzen Wahl?
Was uns ins Auge fällt, wird offenbart verlangt,
Im nächsten Augenblick erscheint es uns egal.

In Wüsten ringt uns nun von unsren lahmen Zungen
Das Leben ab ein Wort, das jauchzend wir einst schrie'n,
Das Gleiche wird uns jetzt so leidvoll abgezwungen,
So schleppt sich alles fort, so schleppt sich alles hin.

Sonett über die Hoffnung

Es gibt mehr als man liebt Vergänglichkeit auf Erden,
Jetzt schlägt ein warmes Herz, bald ist es kalter Stein,
Was alles man gesagt, soll einst vergessen sein,
Und wenn man noch nicht kalt, soll man begraben werden.

Doch plötzlich sind verstummt die üblichen Beschwerden,
Die täglich grimme Angst, sie ist nicht einmal klein,
Wo mürrisch wir bejaht, da sagen wir nun nein
Zur Einladung des Tods, um ihn nur loszuwerden.

Was einst uns hat gelähmt, dort schimmert nun ein Glück,
Durch dunkle Wolken zwar, doch lichtet sich der Blick,
Wo man mit Augen zielt, ist alle Welt noch offen.

Der Tag bricht nun heran, an welchem uns entfällt,
Was uns am Grübeln jetzt und auch am Schrecken hält,
Und alles weicht sogleich dem, was wir uns erhoffen.

Schlechte Entscheidungen

I.

Der Mensch erkrankt so leicht und leichter noch
Erliegt er dem, was Heilung ihm verspricht,
Doch diese niemals bringt. So fliegt er hoch,
Bis unter all der Last der erste Flügel bricht.

Betrügt man ihn, betrügt er sich gleich mit,
Wodurch dem Blender leicht ins Blatt gespielt,
Und eh er merkt, was ihm da grad geschieht,
Da ward ins Netz des Trugs er eingehüllt.

Wie gerne glaubt man jeder Lüge nur,
Wenn sie es ist, die eign'e Meinung stützt,
So ernsthaft lauschen wir dem Schwur,
Dass er vor uns auch ungeschützt, geschützt.

So fängt es an, noch deckt man was ist schlecht,
Umschlingt es gar und nimmt es in sich auf,
Dann stumpft der Sinn für alles was noch echt
Und Böses nimmt im Stillen seinen Lauf.

Die erste Klage wächst in uns heran,
Da wissen wir noch nicht wo wir jetzt steh'n,
Mit jedem Zweifel fängt dann alles an,
Man kann's als Heilung oder Krankheit seh'n.

Und manchmal sind wir gerne taub und blind,
Wenn's geht darum die Fehler zu erkennen,
Doch zuzugeben wir nicht fähig sind,
Deswegen darf man uns auch Toren nennen.

II.

Wer gerne schätz, der überschätzt sich gleich
In einem Schwunge mit, und legt direkt
Die Fährte seiner Schwächen ziemlich reich,
Der Schein der Stärke sich sogleich entdeckt.

So offen liegt der Punkt, dem Auge nah,
Dass jeder der es wollte, sich bemüht.
Die Möglichkeit, die er verheißend sah,
als nützlich wohl und einen Glücksfall sieht.

So ziehen Schwächen jeden Bösen an,
Der nur den kleinsten Vorteil sich verspricht.
Und wer die eig'ne Schwäche nicht erkennen kann,
Der hat erst wenn's zu spät die freie Sicht.

Doch wer zieht schon im Vorraus einen Schluss,
Wenn eines fest steht, dann doch dies,
Dass man aus seinen Fehlern lernen muss,
Was sich schon oft als äußerst hart erwies.

So bleibt, wenn man für eignen Irrtum blind,
Das Hoffen nur, es möge glimpflich geh'n.
Das Schicksal dreht sich wie das Blatt im Wind,
Dass Böses wir als Gutes morgen seh'n.

Der Schlichte trägt den Makel hochgemut
Und stellt ihn dar, für jeden zu beschauen,
Dass er sich damit selber Schlechtes tut,
Wird ihm das Leben bald schon anvertrauen.

III.

Wie schaurig ist nur diese eine Angst,
Die uns an einem wachen Tag beschleicht,
Wenn du um deine eigne Hoffnung bangst,
Dann ist das schlechte Ziel gerad' erreicht.

So dass wir sehen Blicke nun verkehrt,
Die einstmals schienen uns so klar,
Nun hat das Echte unsern Blick erschwert,
Denn was wir meinten falsch, es ist nun wahr.

Gedanken kommen so am Ende an,
Dann drängt ihr Drang zur Wahrheit sie zurück,
Doch was sie bald verzweifeln lassen kann,
Entpuppt sich schnell als leichtes Missgeschick.

War man vor allem früher unbedacht,
So schmerzen diese Fehler immer mehr,
Was man gemacht und was man nicht gemacht,
Entscheidet später über leicht und schwer.

So bleibt die Furcht der Fehler noch besteh'n,
Dann klopften Zweifel erstmals an die Tür,
Das Ganze schien für kurze Stunden schön,
Doch was von alldem bleibt uns hier?

Ist man der falschen Richtung nun gewiss,
Wie kommt man bloß zu andren Ecken hin?
Besteht inzwischen nicht bereits ein Riss,
Der trennt die Wahrheit uns vom wahren Sinn?

IV.

Die Reue kommt und packt uns im Genick,
Ganz starr vor Schreck. Ist's unser Scheitern nun,
Das unsre Taten führt auf uns zurück,
Damit wir selten lassen unsre Köpfe ruh'n?

Gelähmt von unsrer eignen Unvernunft,
Die uns, vergangen, fern, verschreit, verlacht,
Nun brauchen wir doch eine Unterkunft,
Die unser Leid nur kurz vergessen macht.

Ganz kurz nur, bitte, lasset uns nur kurz
Erleichtert steh'n im Warmen, altbekannt.
So lebten wir noch vor dem Teufelssturz,
Als noch das Leben sicher abgebrannt.

Als noch die Welt nicht ganz in Flammen stand,
Man musste fürchten zwar, doch niemals reu'n,
War damals noch der Tod als schlecht verkannt,
So scheint der Fehler heut nicht zu verzeih'n.

Es kitzelt uns, bis wir vom Lachen müd',
Vom Weinen dann ins Kleinste sind zerlegt,
Wie schnell man Dinge doch ganz anders sieht,
Wie rasch sich doch der Keim der Reue regt.

So stell'n sich Fragen uns als Klagen vor,
Vermitteln uns was scheinbar unser Los,
Verführend sprechen wir ins eigne Ohr,
Verpassen selbst uns einen weitren Stoß.

V.

Wie sinnvoll ist nun die rapide Flucht,
Wir wollen gehn, doch was wird nicht vergehn?
Wer einsam nach der neuen Ruhe sucht,
Der muss den Grund der Flucht erst recht verstehn.

Wer rennen will, der ist geschwind gerannt,
Wer schweigen will, der siegelt Lippen gut,
Weshalb er flieht, und was er nicht genannt,
Das bleibt wohl gleich, egal was man auch tut.

So stürzen viele Feige schnell davon,
Geblendet noch vom Licht der Gegenwart,
Doch jenes Übel wird uns weiter droh'n,
Und bleibt uns sicher keinerorts erspart.

Es klebt an uns, was gestern wir getan,
Es tut uns den Gefallen leider nicht
Und trennt sich, um uns dann auch zu bewahr'n,
Was uns als Fehler tief im Herzen sticht.

So kommen Schmerzen mit einher,
Wo uns das Leben doch bereits mokiert,
Trotz Überflusses fühlen wir uns leer,
Ein Fühlen, das man schwerlich korrigiert.

Es quält uns meistens nur die eigne Wahl
Und somit ganz gewiss die eigne Weise.
Dem kurzen Abstieg folgt ein weites Tal -
Und plötzlich wird es um uns schrecklich leise.

VI.

Was alle Flüche dieser Erde bricht,
Das ist den klügsten Köpfen nicht bekannt,
Denn so viel Macht hat selbst die Liebe nicht,
Zu löschen eine Seele, die in Brand.

Ob lebend oder tot, es ist egal,
Das Höllenfeuer ohne Rücksicht brennt,
Da bleibt dem Wählenden selbst keine Wahl,
Die einer frei und eigen für sich nennt.

Und was sich präsentiert, man ist gewahr.
Ist's Liebe nun, ist's nur ein falsches Spiel?
Wenn schöne Augen trüben die Gefahr,
Dann fehlt zu einem tiefen Sturz nicht viel.

Wohin man sich als Menschenkind begibt,
So schlägt der Puppenspieler stets den Takt,
Wer unfrei wird und dennoch wieder liebt,
Eröffnet tragisch selbst den letzen Akt.

Gib Acht, du Narr, und sieh dich sorgsam vor.
Wer Schlechtes bringt, der kriegt es auch zurück.
Wenn Liebeskunden dringen in dein Ohr,
Dann frage dich: Was birgt denn dieses Glück?

Das Böse kam schon oft in der Gestalt,
Dass man's als Schönes einzig wollte seh'n.
Erwachen wird man aus dem Traume bald,
Dann fragt man sich, wo blieb, was einstmals
schön?

Lied der Trägheit

Es regt sich nichts, trägt mich nichts,
Was soll das Leben?
Träge ertrage ich keine Erträge.
Fern wie ein Stern liegt mein Hoffen,
Zum Greifen zu weit, doch zum Sehen da reicht's,
Ich bin's leid und doch streute mir
Heute hier wieder den Sand
In die Augen die listige Last,
Die mich lasterhaft fast am Genick.
Mein Geschick wird gelenkt, die Erwartung
Gesenkt und so stellt sich die Frage,
Wie lang ich's ertrage, direkt vor mir auf.
- Ich bin müde!

Es weigert sich, steigert sich nichts,
Nur das Nichts ist mein Werk
Und mir bricht's weiter weg und das 'weg'
Ist das 'hin' zu der Welt ohne Sinn,
Zu der Welt ohne Wort und das 'hin'
Wird zum 'dort' und das 'dort' wird zum 'ist'
Und so lastet die List auf den Schultern,
Die schwach und zu schwach zum Ertragen
Erst recht, und das Schiefe und Schräge
Und keine Erträge zu tragen erfordert
Auch Mut und auch dieser sei echt.
- Ich bin müde.

Ich wälze mich hin und ich drehe mich her,
Doch egal was ich tue, es wartet die Ruhe,
Die stumpf mit den Krallen verhindert das Fallen,
Verfallen in alte Gewohnheit und Arbeit
Und Einheit scheint jetzt als Gemeinheit.
Das Bett ist bereit und die Kissen sind breit
Und die Decken sind lang und bequem
Und so sanft und so schön und so kommt
Über uns unser Schlummer, der uns kummer-
Frei lässt und hält und uns gibt was gefällt
Und so fragen wir nicht und ertragen die Sicht,
Die uns bleibt, zwar begrenzt, die uns übt,
Uns betrübt, doch auch stillt, diese Trägheit
Erfüllt uns noch ganz, bis wir nicht mal mehr seh'n,
Was wir nicht mehr versteh'n, bis das einzige
Uns noch im Geist - Ich bin müde... heißt.

Lied der Studenten

Wie gibt sich uns die Welt so schön und offen,
Wir *wissen* hier, dort müssen andre *hoffen*.
Sie hoffen mit vergeblich kaltem Schweiß,
Das Wissen gibt Gewissheit, unsern Preis.
Ein Loblied auf das lebenslange Lernen,
Wer einst begann, der wird sich schwer entfernen,
Der kann sich niemals schmeißen vor den Zug,
Der wissenswert die Weisheit zu uns trug.
So wird, wo einst im Jugendalter keimten,
Die ersten Worte wahren Durstes reimten,
Die Wurzel tief ins Erdreich streben,
Um damit uns das Lebensziel zu geben.
Den Halt, der uns von dort an Ängste nimmt
Und unser Sein so wunderbar bestimmt.

Man wird nicht leicht in diese Welt geboren -
Und fehlt der Einfluss, ist man schon verloren.
Gesetze gibt's, doch greifen sie kaum ein;
Das soll uns mehr als eine Warnung sein.
So bleiben Gutgestellte gerne unter sich -
Und Gleiches bleibt bei Gleichem unterm Strich.

Doch was nun unterm Strich, es sei egal,
Es drängt der Zufall jeden ohne Wahl,
Zum Guten mal und dann zum Schlechten hin.
Wer klug ist, lebt das Leben als Gewinn,
Wohin es einen ungewollt verschlägt,
Es liegt das Glück nur darin, wie man's trägt.

So tragen wir die Zukunft, unser Glück.
Es hebt verheißungsvoll sich unser Blick,
Am Tag, an dem wir manche Leben lenken,
Da wollen wir dem Privileg gedenken,
Auf das man uns den schönen Weg verzeiht,
Wie sehen's nicht als Selbstverständlichkeit!

Lied über die Liebe

Der Schatz, die Liebe täuscht dort wo man liebt,
Dort wo das Ich vergessen weicht dem Wir.
Kein Mittel, das die Blicke stärker trübt,
Die eng umschlungen, toll vor Liebesgier.

Zwei Herzen schlagen einen neuen Schlag,
Der Einklang birgt ein jede Möglichkeit,
Süß ergibt sich oftmals ein Ertrag,
Zu gut und echt in solcher kurzen Zeit.

Die Zeit in der die Liebe lustvoll lenkt
Und wir im Traume schwebend uns verzeih'n,
Dass an uns selbst der Kopf als letztes denkt
Und wir vom Denken uns alsbald befreien.

Der reife Wein der Liebe hält uns warm,
Durch Kälte zieht er uns, er zieht uns leicht,
Gehalten sind wir durch den Mutterarm,
Der Schulden, sicher schützend, gleich begleicht.

Des Mundes Küssen uns zum Schweigen zwingt,
Wo uns kein Wort die Lippen dreckig lässt,
Dort fehlt der Zweifel auch, der in uns dringt,
So zieht die lockre Schlinge langsam fest.

Und fängt uns so und lässt uns nicht mehr los,
So gern gefangen ist man kaum bis nie.
Die Spanne ist vom Trug zum Glück zu groß,
Doch dient das Glück dem Truge zur Kopie.

Nicht selten fällt im Liebesschatten mit
Der Gegensatz, zu dem, wie alles scheint,
Und eh man es mit eignen Augen sieht,
Hat alles sich zersetzend schon vereint.

Der Zufall schätzt die Liebe als Gewinn,
Gewinnend wagt sie sich ans Tageslicht,
Doch kommt mit ihr nicht immer auch ein Sinn?
Und dieser Fehler ist's, der Herzen bricht.

So wird uns dieser Bruch zu einem Mal,
Das warnend uns begreiflich machen soll,
Doch alles Leiden ist uns bald egal,
Wenn wir ganz trunken, töricht, liebestoll.

Wer liebt, der tut dies gänzlich ungeschützt,
Der Ausgang offen hin zu beider Seit',
Wo niemals beten, klagen, hoffen nützt,
Dort herrscht die Liebe bittersüß und weit.

Das Wegsehen

Sind wir Wächter wider Willen?
Drängt der Blick von selbst hinfort?
Gestern schlossen Fensterläden,
Innen ist der Staub so dunkel,
Graue Gesten wären Fortschritt,
Weiße Westen keine Träume,
Rau-Reales reißt sich Räume.
Was wenn man nicht wollen will?

Lebensträume

Sie blicken in Himmel, nächtelang,
In unterschiedliche, gleiche -
Und folgen alle dem selben Drang,
Ein Leben lang.
Ein langes Leben lang.

Zu kurzer Besuch

Gestern war ich deiner Augen wohlgeseh'ner Gast,
Heimlich spielend, Licht und Schatten, fühlend, Tag und
Nacht.
Uns're Einheit zeigt sich, wie die Sehnsucht, im Kontrast.
Tiefes Atmen, bald hast du - und darauf ich - gelacht.

Purpurrote Wangen zuckten gleich nervösen Flammen,
Dann, als uns die off'ne Türe noch den Abschied streng
erklärte,
Waren wir es, die ihn ohne Köpfe einfach nahmen,
Was uns're Herzen erst im Nachhinein beschwerte.

Amaterasu (im Himmel)

Aus Seide spinnt in himmlischen Gefilden
Amaterasu das Licht, dass unsre Wege
Blühen lässt, und als die Sonne sehen
Wir ihr Lächeln, ihre Schönheit.
Webt sie aus den Strahlen neue Farben,
Keimt die Erde ohne Widerstand,
Ergeben und beseelt und ohne Fragen
Soll ein jedes Wachsen geben.
Wie kann man sich den Anblick denken,
Wenn sie auf Regenbogen in den Himmel steigt
Und diesen erst illuminiert, dass wir
Ihn seh'n und sagen: Himmel!
Sag, Amaterasu, du reines Wesen,
Wie siehst du mich, wenn du das Weltall lenkst?
Denn schimmert nicht ein Funken
Mit von dir auf meiner Haut?
So danke ich zutiefst, mit Demut,
Die nicht größer werden kann,
Gedenke deiner, stelle dich mir vor,
Auf den Reisfeldern des Himmels wandernd,
Stets im Herzen die Güte tragend,
Die einem Bruder verzeihen kann,
Der vom rechten Pfad abkam.

Worum es geht

Der Weg wohin
War irgendwie,
Als wäre was
Ein wenig wie,
Und vielmehr das,
Worum es geht,
Und auch zugleich,
Worauf es steht.
Und all das jene
War vielleicht;
Und all das diese
Hat gereicht.
Der Weg dorthin,
Der gestern war,
Ist heute wo
Und morgen wann
Und irgendwann
Dann sowieso.

Vom blühenden Leben

Blume welkt und Blume fällt
Blume taumelt in der Welt

Primel zeigt und Primel neigt
Primel zögert kurz und schweigt

Hyazinthe staubig blau
Hyazinthe wird zu grau

Tulpe steht und Tulpe geht
Tulpe wird hinfort geweht

Rose rot und Rose sticht
Rose duftet, Rose bricht

Rose scheint und Rose weint
Rose sagt nicht, was sie meint

Veilchen bunt und Veilchen wund
Veilchen schmiegt sich an den Grund

Nelke kurz und Nelke klein
Nelke wandelt sich zu Stein

Pelargonie trinkt, ertrinkt
Pelargonie nieder sinkt

Abschiedswort: Vergissmeinnicht.
Nicht ewig scheint das Sonnenlicht.

Wellengang

Die Wellen meines Willens plätschern hoch
Und tief, von innen an die Stirne, stark
Und schwach, sie fordern, zwingen mich mal
schwarz,
Mal weiß zu seh'n -
Das Leben ist so schrecklich schön.

Dies Wissen dient mir wohl als kleiner Trost,
Wenngleich das Zweifeln mich in mancher Stund'
Beherrscht und seine schiere Größe hinterlässt
Ein komisches Gefühl -

Und zwiefach schreibt der Stift und schafft
Und löscht im Nachhinein.

Selbstbetrachtung

Mir brennen die Augen, ich will so gerne
gelassen sein, gelassen werden.
Wie will denn auch der Rasen grünen,
wenn unter Sohlen er erstickt?
Die Eindrücke zertrampeln die freie
Entwicklung in einer Weise,
die sehr sich einprägt. Es klebt
so schön und einfach ist's, sich
nicht mehr zu bewegen.
Und während die Halme sich gelb
verfärben, verkümmert mein Sehnerv
zur trockenen Wurzel.
Zuletzt wird mir nur bewusst,
was ich getan, als ich die Füße
vorsichtig hebe.

Die gewollte Abgeschiedenheit

Ich laufe so kalt durch die gleichen Mengen,
Die gestern ich noch geliebt.
Doch messe ich heute in anderen Längen.
Und dass es mich nicht mehr betrübt,
Es kann nur das letzte Zeichen sein
Der angestrebten Handlung.
Das Leben ist erst völlig rein
Nach dieser bewussten Verwandlung.

Die eine Welt

Wie *ein* Berg doch dem nächsten
gleicht...
So wirkt die Fahrt
in immer gleichen Winden,
denn wenn zu langsam man
die neue Welt erreicht,
gewöhnt man sich ans Neue
noch bevor die Änd'rung
klar.

Auch wenn ein jedes Land die
eignen Perlen hegt,
so hat die gleiche Zeit doch Hand
daran gelegt.

Gedanken bei Regen

Beim Plätschern des Regens,
Beim Rauschen der Blätter,
Im Winde verschwindet
Das Schmerzen der Tage.

Das Duften des Dunstes,
Das Fallen des Laubes,
Im Schönen begleitet
Das Sinken uns weiter.

Lebensziele

Dort,
Hinter diesem Berg,
Da kommt,
Nur noch hinter diesem,
Und dem nächsten,
Fast erkennt man schon,
Dort hinten, dahinter,
Wo der Hügel sich
Allmählich und zögernd
Zu senken scheint,
Da kommt,
Gar nicht weit,
Man kann es doch schon sehen,
Nach Berg und Tal
Und Berg und Tal, da,
In dieser Richtung,
Wohin wir gerade,
Ohne abzuweichen
Hin marschieren,
Da kommt,
Was heißt: Wo?
Dort ist
Ein anderer Weg,
Hinter dem Berg,
Da...

Subjektiver Pessimismus

Schenke ich denn allen Menschen
Auch Beachtung, wie ich's wünsche?
Ist das Gegenteil nur meines,
Wenn das Gute mir begegnet?
Warum bin ich falsch gesegnet?
Alle Menschen haben Glauben,
Alle denken ihre Teile,
Jeder selbst für eine Weile,
Die persönlich festgelegt.
Doch will mich noch weiter tragen,
Ein: „Ich will noch Neues sagen!"
Leider klage ich in Regung,
Ist das Zittern auch Bewegung?
Ist das Schäumen gleichfalls Handeln,
Warum will ich alles sehen?
Alles kann man nie verstehen!
Und so ist man schlecht lebendig,
Möchte gerne seitwärts leben,
War'n nicht Nehmen und das Geben
Beides Teile eines Ganzen,
Eines einz'gen klaren Worts?
Lasst den Menschen nur im Stillen
Und nur brodeln seinen Willen,
Nichts kann wahr und wichtig sein!
Nichts verdient den Titel „Wert"!
Alles wollen wir nicht lernen,
Vieles einfach nur ersparen,
Dabei das Gesicht zu wahren,
Ist das Beste was wir können,
Mehr hat keiner je erreicht.